典藏中国·中国古代彩塑精粹

平遥双林寺彩塑

杨平　主编

浙江摄影出版社

全国百佳图书出版单位

双林寺位于山西平遥古城西南6千米的桥头村，始建年代不详。根据寺内现存的北宋大中祥符四年（1011）碑刻中尚可辨认的"重修寺于武平二年"可知，双林寺在公元571年前已有之。寺院最早名为中都寺（平遥古称中都），约至北宋，寺院取"佛陀双林入灭"之典籍，更名为双林寺。

双林寺占地面积约1.5万平方米，分东、西两部分。东边原为禅堂、经房等（现为学校）；西边为寺院建筑，分前、中、后三院，从南到北依次为（按逆时针次序）：前院天王殿、武圣殿、罗汉殿、释迦殿、地藏殿、土地殿；中院千佛殿、大雄宝殿和菩萨殿；后院圣母殿（娘娘殿）和贞义祠。

前院天王殿的殿外两侧廊庑下有四大金刚塑像，个个怒目圆睁，眼光炯炯，威武勇猛。天王殿里的四大天王各持法器，面朝北坐落于南墙下的神台上（从东至西依次是东方持国天王、南方增长天王、西方广目天王和北方多闻天王），四大天王头戴花冠，身着铠甲，脚踩妖魔，表情冷峻，气概威严，从各方面衡量，这四尊天王可谓山西现存最美的天王塑像群之一。释迦殿面阔五间，其内四壁用圆雕和深、浅浮雕技艺，采取分层组合、连环画式样的悬塑形式，表现了释迦牟尼从投胎人间、成长、涅槃成佛、普度众生，再到双林入灭的故事，200多尊形象各异的人物活动在山石、殿宇之间，其构思之精巧，技艺之娴熟，令人叹服。

前院的北东配殿罗汉殿（又名观音殿）虽然不大，但其内的罗汉闻名遐迩。殿宇东壁中央塑观世音菩萨及善财童子和龙女两位侍从。菩萨两侧及南北山墙下神台上的木龛内塑十八罗汉，其体态酷似真人，有的在打坐修行，有的在闭目听法，有的在娓娓传经，有的在降魔伏虎。如菩萨左侧的第一位罗汉，是一位面孔清瘦的老者，其双手轻搭座椅，左肘抵在座椅的木扶手上，右肩轻披袈裟，左肩裸露，似正聚精会神地听法；南墙下东侧第二位罗汉，左手撑在自然下垂的左腿膝盖上，右腿盘起，身体微倾，伸出右臂，食指向左前方，似在激烈地辩经。总之，这堂罗汉堪称明代雕塑之高峰杰作。

中院东殿为千佛殿，是一座面阔七间的悬山式建筑，里面四周神台及墙壁上有大小彩塑500余尊。中央佛坛上塑水月观音像，观音柳叶眉，樱桃小嘴，面容秀丽，其缠绕着帔帛的右小臂轻搭在曲起来的右腿膝盖上，左手按着座台，左腿轻垂，身体微斜，呈闲适悠然的状态。观音右侧的韦驮，丁字步站立，戴兽头盔甲，帔帛飞扬，神采奕奕，浑身散发出令人震撼的活力。在主像两侧、后墙及两山墙布满山水众菩萨的像，有的驾祥云，有的骑神兽，主次互相照应，浑然一体，令人犹如坠入彩塑的海洋。

中院西殿菩萨殿与千佛殿对称，其内主像千手观音可以说是双林寺的标志，其慈祥的表情，手持法器的玉手和白皙、修长的胳膊等，塑造得栩栩如生，令人惊叹叫绝。

双林寺共有大小精美彩塑2000多尊，被人们称为"东方彩塑艺术宝库"。1997年，双林寺被列为世界文化遗产。

扫一扫
看更多

菩萨殿·千手观音像

天王殿·南方增长天王像

天王殿・北方多闻天王像

天王殿·南方增长天王像头部特写

天王殿·西方广目天王像

天王殿·东方持国天王像

天王殿·菩萨

天王殿·菩萨

天王殿・帝释天半身像

13

释迦殿·佛传故事之 "王子隔墙掷象"

释迦殿·佛传故事之"路逢老人"

释迦殿·佛传故事之"悉达纳妃"（局部）

释迦殿·佛传故事之 得遇沙门

罗汉殿·诺距罗尊者半身像

22

罗汉殿·伏虎尊者半身像

罗汉殿·阿氏多尊者像

阿氏多尊者像头部特写

罗汉殿·因揭陀尊者像

26

罗汉殿·伐那婆斯尊者（左）与半托迦尊者（右）像

罗汉殿·罗怙罗尊者半身像

罗汉殿·迦诺迦伐蹉尊者像

迦诺迦伐蹉尊者像头部特写

罗汉殿·注荼半托迦尊者像头部特写

罗汉殿·迦诺迦跋厘阇尊者像

罗汉殿·戍博迦尊者（左）与伐阇罗弗多罗尊者（右）像

罗汉殿·南次间罗汉像

罗汉殿·那伽犀那尊者像

罗汉殿·迦理迦尊者像

罗汉殿·降龙尊者像

罗汉殿·苏频陀尊者像

千佛殿·韦驮像

龙女
Nagakanyā

千佛殿·水月观音菩萨与韦驮像

韦驮像头部特写

责任编辑：王嘉文　张　磊　唐念慈
文字编辑：谢晓天
装帧设计：杭州大视角文化传播有限公司
责任校对：王君美
责任印制：汪立峰
摄　　影：欧阳君　薛华克　梅　佳　张卫兵
撰　　稿：杨　平　谢　薇

图书在版编目（CIP）数据

平遥双林寺彩塑 / 杨平主编. -- 杭州 ：浙江摄影
出版社，2024.1（2024.8重印）
　　（典藏中国. 中国古代彩塑精粹）
　　ISBN 978-7-5514-4626-6

　　Ⅰ. ①平… Ⅱ. ①杨… Ⅲ. ①寺庙－彩塑－平遥县－
画册 Ⅳ. ①K879.32

中国国家版本馆CIP数据核字(2023)第145893号

典藏中国·中国古代彩塑精粹
PINGYAO SHUANGLIN SI CAISU
平遥双林寺彩塑

杨平　主编

全国百佳图书出版单位
浙江摄影出版社出版发行
　　　　地址：杭州市环城北路177号
　　　　邮编：310005
　　　　电话：0571-85151082
　　　　网址：www.photo.zjcb.com
制版：杭州大视角文化传播有限公司
印刷：杭州佳园彩色印刷有限公司
开本：787mm×1092mm 1/8
印张：6
2024年1月第1版　2024年8月第2次印刷
ISBN 978-7-5514-4626-6
定价：68.00元